AF263480

LES FAMILLES

NOEL DU LYS·ET VILLEROY

GÉNÉALOGIES

DRESSÉES PAR M. A. OTT

PUBLIÉES

PAR G. DE BRAUX

NANCY	ORLÉANS
GROSJEAN-MAUPIN	H. HERLUISON
RUE HÉRÉ	RUE JEANNE-D'ARC

1892

LES FAMILLES

NOEL DU LYS ET VILLEROY

Il a été tiré de cet ouvrage :

150 exemplaires sur papier vélin ordinaire
50 exemplaires sur papier Whatman.

LES FAMILLES

NOEL DU LYS ET VILLEROY

GÉNÉALOGIES

DRESSÉES PAR M. A. OTT

PUBLIÉES

PAR G. DE BRAUX

NANCY	ORLÉANS
GROSJEAN-MAUPIN	H. HERLUISON
RUE HÉRÉ	RUE JEANNE-D'ARC

1892

PRÉFACE

M. Eugène Villeroy, répondant à l'appel que nous faisions aux représentants de la famille de Jeanne d'Arc [1], qui nous avaient déjà si libéralement ouvert le trésor de leurs archives, a bien voulu nous communiquer un manuscrit très important sur sa famille.

Les généalogies Noël du Lys et Villeroy dressées par M. Ott, de Commercy, y sont appuyées de pièces tirées des archives communales de Void, Commercy, Vaucouleurs, etc. Toutes ces archives ont été dépouillées avec un soin et une érudition merveilleux. Il y aurait à y glaner pour l'histoire des villes et villages, dont il est question. Chaque degré est accompagné des preuves tirées de ces diverses archives [2].

1. V. *la Famille de Jeanne d'Arc*, par MM. E. de Bouteiller et G. de Braux, in-8, Paris, Claudin, 1878, et *Nouvelles Recherches*, par les mêmes, Paris, Claudin, 1879.

2. Nous avons indiqué avec beaucoup de soin les lieux de naissance, mariage et décès, d'après chacune des pièces. Beaucoup de noms de personnes et de lieux y sont donnés pour la première fois sous leur forme exacte.

Aussi nous nous sommes chargé, avec un vrai plaisir, de publier le résultat de recherches aussi intéressantes. Les deux généalogies que nous mettons en lumière complètent nos recherches personnelles.

G. DE BRAUX.

GÉNÉALOGIE

DE LA

FAMILLE NOEL DU LYS

PRIMITIVEMENT VAULTRIN DIT NOEL

———

La famille NOEL DU LYS porte : les armes de la famille DU LYS.

I. — *Claude* VAULTRIN alias NOEL, mort à Void le 7 juillet 1636, ép. *Marguerite* GANNETREL, morte aux Loges le 15 juillet 1630 ; d'où :

    1° *Pierre*, né avant 1617 ;
    2° *Jean*, né avant 1617 ;
    3° *Sébastienne*, née avant 1617 [1] ;
    4° *Florentin*, né le 8 février 1621 ;
    5° *Nicolas*, né le 29 mai 1623 ;
    6° *Anne*, née le 9 avril 1626. Tous nés à Void.

Les actes de l'État civil de Void (Meuse) prouvent que Claude Vautrin, Claude Noël (alias Vautrin), C. Vautrin (alias Noël), et Claude Noël, époux de Marguerite Gannetrel, sont une seule et même personne.

Les deux époux moururent à Void de la peste qui fit de si grands ravages en Lorraine, dans les deux années 1630 et 1636.

II. — *Pierre* NOEL ép. le 7 novembre 1627, à Void, *Jeanne* LAQUESTE, de St-Martin-les-Sorcy. *Pierre*

———

1. Les registres de Void ne commencent qu'en 1617.

Noel mourut de la peste le 3 mars 1636; d'où :

   1º *Claude*, né à Void le 23 mars 1630;

   2º *Jeanne*, née à Void le 21 juillet 1631;

   3º *Marguerite*, née à Void le 22 octobre 1633;

   4º *Françoise*, née à Void le 18 novembre 1635.

II. — *Jean* Noel ép. en premières noces à Void, le 11 septembre 1629, *Claude* Mareschal, fille de *Jean* Mareschal, greffier de la prévôté et de la maîtrise de Void [1], et de *Claudon* Hordal, sa parente au septième degré de consanguinité; d'où :

   1º *Jean*, qui suit, né à Void le 29 janvier 1632;

   2º *Claude*, née à Void le 5 février 1633, carmélite à Saint-Mihiel.

   3º *Marguerite*, née à Void le 1er août 1634, morte fille à Commercy, le 1er janvier 1709;

   4º *Christophe*, né à Void le 25 juillet 1637, mort de la peste peu après sa naissance.

   5º *Gérard*, né à Void le 10 mai 1641, prêtre chapelain de Lucey, où un Hordal avait fondé la chapelle de Notre-Dame de Consolation. Il mourut à Commercy le 8 juin 1709.

Claude Mareschal mourut à Void le 13 mars 1644. Après deux mois de veuvage, *Jean* Noel ép., le 10 mai 1644, *Barbe* du Pasquis, fille de *Renaud* du Pasquis [2], docteur en médecine, et de *Marguerite* Braconnier; d'où :

1. Jean Mareschal mourut de la peste à Void le 1er mai 1630. Son gendre lui succéda comme greffier de la prévôté et maîtrise de Void.

2. Malgré la forme du Pasquis donnée par les actes, nous croyons que Renaud appartenait à la famille du Pasquier de Toul, qui a fourni nombre d'échevins et procureurs de la ville de Toul. V. Em. Michel : *Biographie du Parlement de Metz*, article du Pasquier.

6° *Jeanne*, née à Void le 25 juin 1645, morte probablement très jeune ;

7° *Jeanne*, 2° du nom, née à Void le 17 février 1646, ép. à Void *Claude* D'URBAL, écuyer, cavalier de la compagnie de M. de Montaulière ; d'où un fils unique, pretre et curé de Rupt devant Saint-Mihiel. *Jeanne*, veuve avant 1682, mourut le 28 mars 1700 ;

8° *Marguerite*, née à Void le 6 mars 1648 ; mariée à Void le 7 février 1685, à *Jean* COLLOT, fils de *Claude* COLLOT, maître de la poste de Void ; d'où : *Catherine*, née à Void le 20 mars 1686, et *Barbe*, née à Void le 22 décembre 1692. *Jean* COLLOT mourut le 25 mai 1702, à soixante-six ans.

9° *Lucie*, née à Void le 13 décembre 1649 ;

10° *Catherine*, née à Void le 23 juillet 1651 ;

11° *George*, né à Void le 31 juillet 1652 ;

12° *Renaud*, né à Void le 19 janvier 1654, marié à *Yolande* VAULTROT, probablement sœur de *Paul* VAULTROT, de Vacon [1].

13° *Pierre*, né à Void le 24 mai 1656 ;

14° *Catherine*, née à Void le 7 mai 1657 ;

15° *François*, né à Void le 28 novembre 1659, marié à Void le 8 septembre 1682, avec *Anne* CUGNOT, fille de *Jean* CUGNOT [2], admodiateur des moulins de Void.

François fut commis au greffe et praticien en 1684. Il quitta Void pour Sorcy, où on le trouve maire en 1688. Il était procureur, notaire à Sorcy en 1708. On le retrouve dans cette position à Void en 1734. Il eut postérité.

---

1. Vacon, village près de Void.

2. Il est fort probable que Cugnot, l'inventeur de la voiture à vapeur, appartenait à cette famille.

16° *Philippe-Alexis*, né à Void le 5 avril 1662.
Sa mère mourut le jour de sa naissance.

Jean NOEL épouse en troisièmes noces *Charlotte* LEFEBVRE : d'où :

17° *Jeanne-Françoise*, née à Void le 11 mai 1666 ;
18° *Antoine*, né à Void le 13 février 1668.

Veuf, *Jean* NOEL se remarie pour la quatrième fois avec *Charlotte* NOBLET ; d'où :

19° *Louis*, né à Void le 11 octobre 1672 ;

Charlotte NOBLET mourut à Void le 12 septembre 1686, et *Jean* NOEL mourut à Void le 14 janvier 1692, à quatre-vingt-neuf ans. Il dut donc naître en 1603. Dans son acte de décès, il est encore qualifié greffier. Il exerça donc sa charge pendant soixante-deux ans, de 1630 à 1692.

III. — *Jean* NOEL ép., le 23 juillet 1662, *Charlotte* GUILLERMIN, fille de noble *Jean* GUILLERMIN, avocat au parlement, résidant à Commercy ; d'où :

1° *Jeanne-Claude*, née à Void le 2 décembre 1663 ;
2° *Jean-Gérard*, né à Void le 27 juin 1665 ;
3° *Catherine-Thérèse*, née à Void le 17 juillet 1667, carmélite à Saint-Mihiel ;
4° *Charles Hyacinthe*, qui suit, né à Void le 8 octobre 1668 ;
5° *Marie-Louise*, née à Commercy le 27 septembre 1670 ;
6° *Charlotte*, née à Commercy le 10 janvier 1672, mariée à Commercy le 19 avril 1694, avec *Joseph* DE CROISSY, gentilhomme de Provence, officier de cavalerie au régiment hongrois en garnison à Commercy ; d'où postérité.
7° *Bonne-Élisabeth*, née à Commercy le 15 juillet 1674 ;

8° *Jean-François*, né à Commercy le 31 mai 1676;
ép. *Louise* DE LA MADELAINE; mort sans postérité;

9° *Lucie*, née à Commercy le 12 mai 1677;

10° *Marie-Cécile*, née à Commercy le 26 novembre 1678; *Charlotte* GUILLERMIN mourut à Commercy le 26 décembre 1714, et *Jean* NOEL DU LYS, le 26 août 1721.

C'est dans l'acte de mariage de *Charlotte* avec *Joseph* DE CROISSY que se rencontre pour la première fois la qualification de du Lys.

IV. — *Charles-Hyacinthe* NOEL DU LYS épouse à Commercy, contre le gré de son père, le 6 septembre 1701, *Hélène* THYRION, fille de feu *Thierry* THYRION [1] et de *Jacqueline* BELHOMME; d'où :

1° *Charles-Hyacinthe*, né à Commercy le 2 août 1702, mort le 4 septembre 1703;

2° *Yolande*, née à Commercy le 17 octobre 1703;

3° *François*, né à Commercy le 10 février 1705, mort le 16 mai;

4° *Marie*, née à Commercy le 3 février 1707, morte fille après 1774, époque à laquelle elle est marraine, à Méligny-le-Grand [2], de *Marie-Anne* DE VEXAULT, petite-fille de *François-Pantaléon* NOEL DU LYS;

5° *François-Pantaléon*, qui suit, né à Commercy le 29 juillet 1708;

6° *Jeanne-Élisabeth*, née à Commercy le 16 avril 1713;

7° *Charles-Dominique*, né à Commercy le 3 avril 1722;

8° *Jeanne-Catherine*, née à Commercy le 10 juin

1. Thyrion, famille bourgeoise de Commercy.
2. Méligny-le-Grand, village du canton de Void.

1724, morte en 1762, chanoinesse régulière de Saint-Augustin, à l'abbaye de Chaillot. *Hélène* THYRION mourut à Commercy le 19 septembre 1748. Son mari, *Charles-Hyacinthe* NOEL DU LYS, mourut le 2 juin 1756, à Méligny-le-Grand, où il s'était retiré après la mort de sa femme, près de son fils *François-Pantaléon,* qui y avait fixé sa résidence.

V. — *François-Pantaléon* NOEL DU LYS, écuyer, pensionnaire de S. M. T. C., ép., à Méligny-le-Grand, le 7 juillet 1739, *Jeanne* BOUCHON[1], dite GATION; d'où :

1° *Charles* J. B., qui suit, né à Méligny-le-Grand le 24 juin 1740;

2° *Jeanne-Charlotte*, née à Méligny-le-Grand le 2 octobre 1746.

Messire *François-Pantaléon* NOEL DU LYS, écuyer, ancien capitaine en second au régiment royal de Lorraine, pensionnaire de S. M., mourut à Méligny le-Grand le 8 février 1785. Sa femme ne lui survécut que quelques jours et mourut le 28 février 1785.

VII. — *Charles* J.-B. NOEL DU LYS, officier porte-étendard de Royal-Champagne cavalerie (1785), en garnison à Hesdin, en Artois[2].

---

1. Jeanne Bouchon était née à Méligny-le-Grand. Elle fut mariée par son frère Joseph Bouchon, dit Gation, religieux profès de l'Ordre de Saint-François.

2. Le maréchal Davout fut officier au même régiment. V. *Une lettre inédite du maréchal Davout* par le baron d'Avout (*Mémoires de la Société bourguignonne de géographie et d'histoire*). Tirage à part, p. 9. Le lieutenant du Lys « se rattache à la famille de Jeanne d'Arc, dont il possède l'anneau : un cercle d'or, et enchâssée dans le chaton, une agate portant les armes données par

N. B. *Charles J.-B. mourut en* 1814, *laissant une postérité inconnue à M. Ott. Voir* : La Famille de Jeanne d'Arc, *par E. de Bouteiller et G..de Braux. Paris, Claudin,* 1878, *p.* 145, *et les* Nouvelles Recherches *des mêmes. Paris, Claudin,* 1879, *p.* 90.

VI. — *Jeanne-Charlotte* NOEL DU LYS ép. à Méligny-le-Grand, le 11 juin 1766, *Pierre-François* DE VEXAULT de Saint-Louis, son cousin au quatrième degré de consanguinité, né à Void le 25 décembre 1730, ancien cornette de dragons, gentilhomme de S. A. S. le duc de Bouillon, et capitaine de ses chasses, d'où :

1º Un fils qui est cité dans une pièce du 5 juin 1776. Il ne dut pas naître à Méligny-le-Grand, où ne se trouve pas son acte de baptême ;

2º *Jeanne-Charlotte*, née à Méligny-le-Grand le 19 octobre 1772, ép. *François* DÉGRELLE, mort à Saint-Mihiel le 25 avril 1821. Postérité inconnue.

3º *Marie-Anne*, née à Méligny-le-Grand le 4 février 1777.

Pierre-François DE VEXAULT DE SAINT-LOUIS partit, en 1777, pour les Antilles, à la recherche de son frère aîné. Il ne le retrouva sans doute pas, et y reprit du service. Il mourut au Cap-Français (Saint-Domingue), le 19 mai 1779, lieutenant des grenadiers volontaires. Sa veuve, *Jeanne-Charlotte* NOEL DU LYS, se remaria, à Méligny-le-Grand, le 29 mai 1785, à *François-Michel-Ladislas* DE MICHALFY, originaire de Hongrie, officier porté-éten-

Charles VII à la famille de la Pucelle ». Cet anneau n'avait sûrement pas appartenu à Jeanne d'Arc, qui ne porta que des anneaux sans armoiries. V. Vallet de Viriville, *les Anneaux de Jeanne d'Arc.*

dard au régiment de cavalerie hongroise de Bercheny, alors en garnison à Commercy. Elle mourut sans enfants de ce mariage, en 1816 ou 1817.

VII. — *Marie-Anne* DE VEXAULT DE SAINT-LOUIS ép. à Méligny-le-Grand, le 17 brumaire an III (6 novembre 1795), *Maurice* BARDIN, âgé de quarante-sept ans, ancien procureur fiscal à Commercy ; d'où :

1º *Maurice* BARDIN, né à Riéval (commune de Ménil-la-Horgne) le 20 messidor an IV ;

2º *Charles*, né à Nancy le 24 ventôse an X, mort juge de paix à Pierrefitte, le 27 février 1878, célibataire ;

3º *Marie-Adélaïde-Justine*, née en 1808, morte à Riéval le 16 janvier 1823.

IV. — *Charlotte* NOEL DU LYS ép. à Commercy, le 19 avril 1694, *Joseph* DE CROISSY, natif de Perthuis, diocèse d'Aix en Provence, officier au régiment de cavalerie hongroise Langarry, alors en garnison à Commercy ; d'où :

1º *Jean-Honoré*, né à Commercy le 2 septembre 1696 ;

2º *Suzanne-Marguerite*, qui suit, née à Commercy le 21 octobre 1698.

Charlotte NOEL DU LYS était veuve en 1706 et mourut à Commercy le 17 novembre 1740. Elle fut enterrée en l'église collégiale.

V. — *Suzanne-Marguerite* DE CROISSY ép. à Commercy, le 20 décembre 1723, *Michel* DE FEUQUIÈRES, originaire du diocèse de Reims, écuyer, seigneur de Noux, capitaine de cavalerie, inspecteur des chasses de S. A. Henri de Lorraine, prince de Vaudémont, dans la principauté de Commercy; d'où :

1° *Anne-Marie-Josèphe*, née à Commercy le 26 septembre 1725, morte le 1ᵉʳ novembre 1725.

2° *Élisabeth-Sophie*, née à Commercy le 5 octobre 1727, morte le 27 avril 1731;

3° *Jean*, né à Commercy le 13 avril 1729, mort le 7 octobre 1730;

4° *Anne-Charlotte*, née à Commercy le 14 septembre 1732, morte fille le 30 août 1751;

5° *Catherine-Reine*, née à Commercy le 16 décembre 1733;

6° *Jacque-Sophie*, née à Commercy le 11 mars 1738;

7° *Charles*, né à Commercy le 13 février, mort le 16 du même mois 1741.

Michel DE FEUQUIÈRES mourut le 22 septembre 1746. Sa veuve, qualifiée dame de Vaux-la-Grande, mourut aussi à Commercy le 19 décembre 1770. Ils furent tous deux enterrés à la Collégiale.

III — *François* NOEL, fils de *Jean* NOEL, greffier, et de *Barbe* DU PASQUIS, né à Void le 28 novembre 1659, successivement maire (1688) et procureur en la prévôté de Sorcy (1708), ép., le 8 septembre 1682, *Anne* CUGNOT, fille de *Jean* CUGNOT, admodiateur des moulins de Void; d'où :

1° *Catherine*, née à Void le 15 juin 1683;

2° *Jean-Baptiste*, né à Void le 16 juillet 1684.

IV. — 3° *Louis-Alexis*, né à Sorcy, ép., le 10 janvier 1734, *Catherine* FANEZ, fille du sieur *Jacques* FANEZ et de dame *Lucie* PELLETIER, de Bovée.

Postérité inconnue.

II. — *Sébastienne* NOEL ép. à Vignot, près Commercy, le 30 juillet 1634, *Barthélemy* LARDENOIS; d'où :

1° *Marguerite*, née à Void le 5 décembre 1636, enfant unique et posthume de LARDENOIS, mort de la peste, à Void, le 5 juillet 1636.

Elle épouse en deuxièmes noces, à Void, le 19 janvier 1637, *Jean* POULAY, dont elle n'eut pas d'enfants.

Elle se remarie une troisième fois avec *Philippe* ESCART, cavalier de la compagnie de M. de Guiny, en garnison à Void; d'où :

2° *Claude*, née à Void le 1er juin 1649;

3° *Philippe*, né à Void le 15 février 1651;

4° *Barbe*, née à Void le 20 décembre 1558, ép., avant 1687, *Claude* LOUYS, marchand à Void; d'où :

Christophe, né à Void le 14 mars 1687, et *Yolande*, née à Void le 30 mai 1698;

5° *Lucie*, née à Void le 20 mars 1666;

6° *Catherine*, marraine en 1678.

III. — *Marguerite* LARDENOIS ép. à Void, le 16 novembre 1660, *Jean* VOSGIEN, fils de *Nicolas* VOSGIEN, de Vaucouleurs, cousin germain d'*Étienne* VILLEROY, fils d'*Anne* VOSGIEN, sœur de *Nicolas*; d'où :

1° *Nicolas*, né à Vaucouleurs le 4 septembre 1661;

2° *Marie*, née à Vaucouleurs le 9 décembre 1662;

3° *Louise*, née à Vaucouleurs le 8 janvier 1664, ép. à Void, le 27 novembre 1696, *Claude* ORY; d'où : *Louise*, *Lucie* et *Madeleine*;

4° *Alexis*, né à Vaucouleurs le 3 octobre 1665;

5° *Nicolas*, né à Vaucouleurs le 6 novembre
1666;

6° *Anne*, née à Vaucouleurs le 19 novembre 1668,
ép. à Void, le 13 février 1691, *Zacharie* TOURET;
— sans postérité;

7° *Catherine*, née à Vaucouleurs le 12 octobre
1670;

8° *Jean*, né à Vaucouleurs le 20 novembre 1672;

9° *Jean II*, né à Vaucouleurs le 4 janvier 1674;

10° *Philippe*, né à Vaucouleurs, ép. à Void, le
19 avril 1699, damoiselle *Marguerite* PIAT[1], fille
de *Pierre* PIAT et de *Sébastienne* CLÉMENT, pa-
roissienne de Laneuveville, au Rupt.

II. — *Florentin* NOEL, né à Void le 8 février 1621,
fils de *Claude-Vautrin* NOEL, ép. à Void, le 9 novembre 1643, *Anne* JACOB, fille de feu *Jean* JACOB,
d'une famille bourgeoise de Void; d'où :

1° *Pierre*, né à Void le 3 décembre 1644;

2° *Jean*, né à Void le 14 janvier 1647;

3° *Nicolas*, qui suit, né à Void le 29 novembre
1648;

4° *Françoise*, née à Void le 19 février 1652, ép.
Étienne VILLEROY, de Vaucouleurs, auteur de la
famille Villeroy;

5° *Marguerite*, née à Void le 14 septembre 1654;

6° et 7° *Anne* et *Madeleine*, jumelles, nées à
Void le 23 décembre 1655;

8° *Humbert* ou *Hubert*, né à Void le 24 avril
1657.

---

1. Elle est toujours qualifiée dans les actes, damoiselle, signe de
noblesse. Sa famille, fixée depuis la fin du seizième siècle à La-
neuville au Rupt, serait-elle une branche de la famille du même
nom qui habitait Morley à cette époque?

Anne JACOB mourut à Void le 9 novembre 1691.

Florentin NOEL mourut aussi à Void le 25 août 1703, à quatre-vingt-trois ans.

III. — *Nicolas* NOEL ép. à Void, le 8 janvier 1675, *Marguerite* AUBRY[1], veuve de *Nicolas* HOCMART; d'où :

1° *Nicolas*, né à Void le 6 décembre 1675;

2° *Claude*, né à Void le 11 septembre 1678;

3° *J.-B.*, né à Void le 25 décembre 1679, ép. à Void, le 24 janvier 1702, *Catherine* MAITRESSE, de Troussey; d'où : *Claude*, né à Void le 6 février 1704;

4° *Catherine*, née à Void le 30 mars 1682, ép. *Louis* LAMBERT.

5° *Jean*, né à Void le 15 avril 1684, ép. à Void, le 24 janvier 1704, *Marie* LAMBERT, de Sorcy.

6° *Marie-Anne*, née à Void le 8 janvier 1687, ép. N. PELLETIER;

7° et 8° *Charles* et *Nicolas*, jumeaux, nés à Void le 11 décembre 1689;

9° *Claude*, né à Void le 20 mars 1690, ép. à Void, le 24 novembre 1711,

Nicolas NOEL meurt à Void le 14 octobre 1708. Il est qualifié, dans l'acte de décès, lieutenant de maire royal.

IV. *Claude* NOEL ép. à Void, le 24 novembre 1711, *Jeanne* HÉRISSÉ, dit DELILLE, chirurgien en la prévôté de Void ; d'où ;

1° *François-Louis*, né à Void le 17 septembre 1714;

1. La famille Aubry était originaire de Châlons-sur-Marne.

2° *Louise-Élisabeth*, née à Void le 10 septembre 1718;

3° *Catherine*, née à Void le 3 juin 1721;

4° *Jeanne*, née à Void le 28 janvier 1726;

5° *Yolande-Thècle*, née à Void le 4 novembre 1727. Elle eut pour parrain *Louis* NOEL, lieutenant d'infanterie;

6° *Jeanne-Marguerite-Claire*, née à Void le 19 avril 1733.

GÉNÉALOGIE

DE

LA FAMILLE VILLEROY

ISSUE DE FRANÇOISE NOEL

Des mémoires et documents, en la possession de la famille VILLEROY, la font descendre de *Pierre* DE VILLEROY, vivant en 1319.

Le fief de Villeroy ressortissait de Void, au diocèse de Toul.

VILLEROY porte : écartelé, au 1 et 4, de gueules à trois bandes d'argent chargées de 6 merlettes de sable posées 3, 2 et 1 ; au 2 et 3 d'argent à 6 annelets de gueules.

Couronne de comte.

Supports : deux griffons.

IV. — *Françoise* NOEL, fille de *Florentin* NOEL et d'*Anne* JACOB, ép. à Void, le 22 octobre 1675, *Étienne* VILLEROY, fils de *Simon* VILLEROY. et d'*Anne* VOSGIEN, tous deux décédés à l'époque du mariage de leur fils. *Simon* était mort à Vaucouleurs le 20 mars 1657. *Étienne* VILLEROY faisait partie de la corporation des métiers de Vaucouleurs, lors de son mariage. Ses témoins étaient *Jean* VOSGIEN, son cousin germain, et *Sébastien* LAGNY, avocat au parlement, tous deux habitants de Vaucouleurs ; d'où :

    1° *Claude*, né à Vaucouleurs le 14 décembre 1676 ;

2° *Simon*, né à Vaucouleurs le 28 octobre 1677, mort à Void le 15 avril 1695 ;

3° *Marguerite*, née à Void le 8 avril 1679 ;

4° *Claude II*, qui suit, né à Void le 13 oct. 1680 ;

5° *André*, né à Void le 15 décembre 1682 ;

6° *Étienne*, né à Void le 29 décembre 1683. Il se maria deux fois et eut postérité ;

7° *Nicolas*, né à Void le 17 avril 1686 ;

8° *Jean*, né à Void le 23 juin 1687 ;

9° *Anne*, née à Void le 22 septembre 1688.

Étienne VILLEROY mourut à Void le 30 octobre 1688. Sa veuve, âgée de trente-six ans, se remaria dix ans plus tard, le 4 novembre 1698, avec *Gérard* VAUTHIER, sergent en la prévôté de Void. L'époque de son décès est inconnue.

V. — *Claude* VILLEROY, né à Void le 13 octobre 1680, ép. à Void, le 2 mai 1725, *Marie-Anne* HUSSENOT, fille de *Paul* HUSSENOT et d'*Anne* SIMONET, de Givrauval, près de Ligny-en-Barrois ; d'où :

1° *Claude*, qui suit, né à Void le 9 février 1726, auteur de la branche de Vaudrevange ;

2° *Joseph*, né à ... en 1727, auteur de la branche de Void.

VI. — *Claude*, né le 6 février 1726, licencié en droit en 1759, secrétaire de M. Palteau, commissaire des guerres à Metz, ép. en 1747, *Catherine* DROUET ; d'où :

1° *Françoise*, née le 13 janvier 1749, ép. N. GÉRARDIN ;

2° *Marguerite*, née le 24 février 1750, ép. N. SIMON ;

3° *Ursule-Charlotte*, née le 24 février 1753, ép. N. GUÉRET ;

4° *Pierre*, qui suit, né en 1754;

5° *Thérèse*, née le 3 juin 1755, ép. le comte IBRELISLE;

6° *Alexis*, né le 1ᵉʳ novembre 1757 ;

7° *Nicolas*, né à Metz, paroisse Sainte-Ségoline, le 16 mai 1759, ép. demoiselle *Thérèse* BŒCKING.

VII. *Pierre* VILLEROY, ép. demoiselle *Adélaide* DE BALTUS ; d'où :

1° *Félix*, qui suit, né le 24 octobre 1792 ;

2° *Pauline*, née en 1795, ép. N. WEYER.

3° *Eugénie*, née en 1796, ép. N. CHARMEIL.

VIII. — *Félix* VILLEROY, né le 24 octobre 1792, ep., le 13 mars 1816, demoiselle *Sextilie* JAUNEZ; d'où :

1° *Eugénie*, née le 6 mars 1820, ép., le 28 mai 1844, *Alexandre* STHÈME DE JUBÉCOURT ;

2° *Cécile*, née le 20 décembre 1821, ép., le 21 mai 1842, *Édouard* SMITH ;

3° *Henry*, qui suit, né le 22 mai 1823.

IX. — *Henry* VILLEROY ép., le 4 septembre 1857, *Emma* DE MATHELIN ; d'où :

1° *Marie*, née le 29 juillet 1858 ;

2° *Léopold*, né le 23 octobre 1861 ;

3° *Paul*, né le 24 mars 1863 ;

4° *Georgette*, née le 25 août 1865 ;

5° *Jules*, né le 4 septembre 1871 ;

6° *Henriette*, née en 1875.

VII. — *Alexis* VILLEROY, né en 1757, ép. demoiselle EMMERY; d'où :

1° *Léon* ou *Louis*, né en 1782 ;

2° *Adolphe*, né en 1786 ;

3° *Caroline*, née en 1788.

VII. — *Nicolas* Villeroy, né à Metz le 14 mai 1759, ép. demoiselle *Thérèse* Bœcking; d'où :

1° *Charles-Ambroise*, né à Saint-Avold le 15 septembre 1788 ;

2° *Louis* ép. en premières noces demoiselle Spol, et, en deuxièmes noces, demoiselle *Marie* Ebray ; d'où un fils mort sans hoirs.

3° *Sophie*, née en 1794, ép. *Henry* de Galhau ;

4° *Caroline*.

VIII. — *Charles-Ambroise* Villeroy ép. *Marie-Sophie-Élisabeth* Renauld; d'où :

1° *Jules*, né en 1816 ;

2° *Gaspard-Alfred*, né le 12 avril 1818, à Fremersdorff, commune de Rehlingen, arrondissement de Sarrelouis ;

3° *Louis-Léon*, né le 4 octobre 1819, mort le 12 mars 1820 ;

4° *Léonie*, née le 28 mai 1820, ép., le 22 avril 1840, *Adolphe* de Galhau, morte le 15 juillet 1885 ;

5° *Octavie*, née le 18 mai 1821, ép., le 3 mai 1842, *Eugène* Boch.

IX. — *Gaspard-Alfred* Villeroy ép., le 20 avril 1842, *Amélie-Victorine* Le Masson, née le 4 décembre 1821, morte le 28 mars 1891; d'où :

1° *Ernest*, né le 2 avril 1843, ép., le 3 juillet 1872, *Gabrielle* Onofrio ;

2° *Maurice*, né le 29 décembre 1845, ép. *Marie* Goldschmidt ;

3° *Marie*, née le 3 août 1851, ép., le 24 février 1870, *Charles* Fabvier, d'où : *Raoul*, *Gérard* et *Urbain ;*

4° *Marie-Eugène*, né le 1er août 1854, ép., le 15 mai 1888, *Aimée-Théodore-Victoire* Huot.

X. — *Ernest* Villeroy, né le 2 avril 1843, ép. *Gabrielle* Onofrio le 31 août 1871, d'où :

1º *Emmanuel*, né le 29 juin 1878.

2º *Léonie*, née le 20 février 1881, morte le 26 mai 1884.

3º *Georgette*, née le 6 juin 1883.

4º *Gabrielle*, née le 28 mars 1885.

5º *Marcelle*, née le 16 mars 1887.

X. — *Maurice* Villeroy, né le 29 décembre 1845, ép., le 15 décembre 1879, *Marie* Goldschmidt, d'où : *Nicolas* Villeroy, né le 27 août 1880.

X. *Marie-Eugène* Villeroy, né le 1er août 1854, ép., le 15 mai 1888, *Aimée-Théodore-Victoire* Huot, d'où :

1º *Claude*, né le 21 avril 1889.

2º *Etiennette*, née le 8 mai 1890.

VI.—*Joseph*, fils de *Claude* Villeroy et de *Marie-Anne* Hussenot, né en 1727, ép. *Marie* Houbert ; d'où :

1º *Pierre ;*

2º *Nicolas ;*

3º *Catherine ;*

4º *Charles :*

5º *Marguerite :*

6º *Joseph ;*

7º *Claude.*

Joseph est le chef de la branche de Void, qui n'est pas éteinte.

V. — *Etienne* Villeroy, fils d'*Etienne* Villeroy et de *Françoise* Noel, né à Void le 29 octobre 1683, ép. en premières noces, le 22 mai 1703, *Catherine*

Monbled, fille de *François* Monbled et de *Sébastienne* Despreis, née à Bicqueley, près Toul, le 20 octobre 1667; d'où :

1° *Etienne*, né le 1ᵉʳ janvier 1706, mort à Void le 25 novembre 1709;

2° *Claude*, né le 15 février 1709, reçut l'habit dominicain le 28 avril 1726 et fit profession solennelle à Paris le 2 juin 1727.

Étant au couvent de Toul, il fut parrain de *Claude* Villeroy, fils de *Claude* et de *Marie-Anne* Hussenot, le 9 février 1726.

3° *Anne*, née le 19 avril 1711, morte à Troussey le 15 septembre 1711.

Catherine Monbled mourut le 21 janvier 1737.

Étienne Villeroy ép. en deuxième noces, le 30 juillet 1737, *Alexisse* Perin, née à Commercy le 26 mars 1699; d'où :

Catherine, née à Toul le 29 février 1740.

TABLE

DES NOMS DES PERSONNES

CITÉES DANS LES GÉNÉALOGIES

FIN

PARIS

IMPRIMERIE D. DUMOULIN ET Cie

5, RUE DES GRANDS-AUGUSTINS, 5